Tu mundo

Gérmenes

Suma y resta

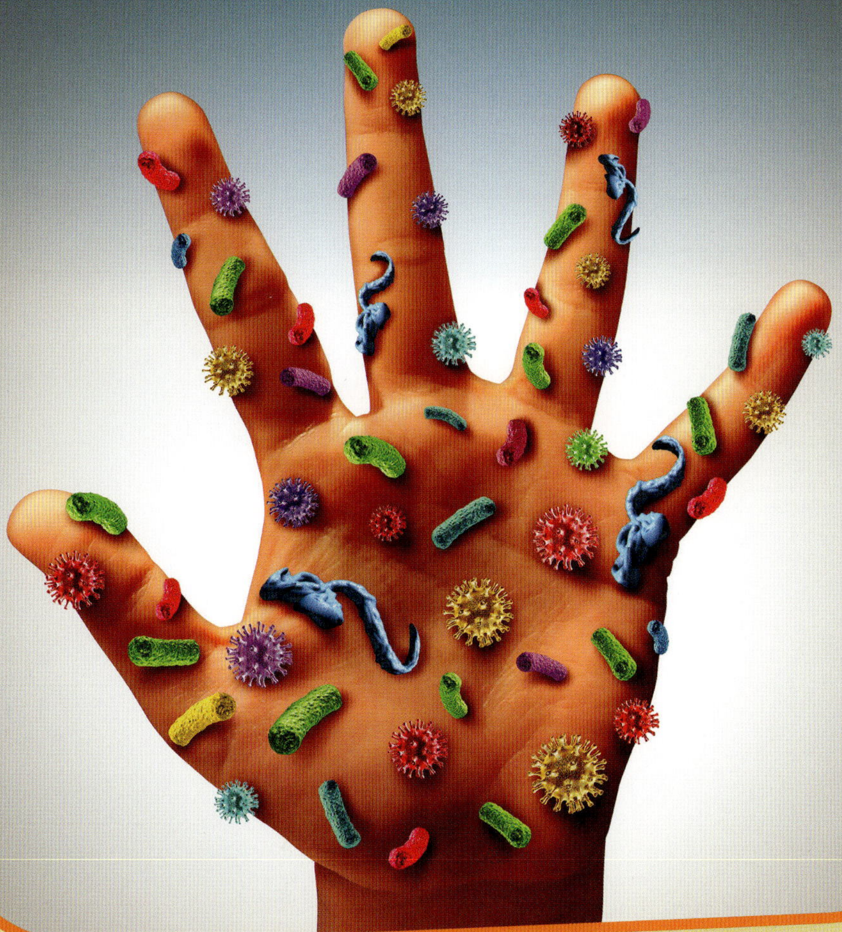

Dona Herweck Rice

Asesora

Colene Van Brunt
Educadora de matemáticas
Escuelas Públicas del Condado de Hillsborough

Créditos de publicación

Rachelle Cracchiolo, M.S.Ed., *Editora comercial*
Conni Medina, M.A.Ed., *Redactora jefa*
Dona Herweck Rice, *Realizadora de la serie*
Emily R. Smith, M.A.Ed., *Realizadora de la serie*
Diana Kenney, M.A.Ed., NBCT, *Directora de contenido*
June Kikuchi, *Directora de contenido*
Caroline Gasca, M.S.Ed., *Editora superior*
Susan Daddis, M.A.Ed., *Editora*
Karen Malaska, M.Ed., *Editora*
Sam Morales, M.A., *Editor asociado*
Kevin Panter, *Diseñador gráfico superior*
Jill Malcolm, *Diseñadora gráfica básica*

Créditos de imágenes: todas las imágenes provienen de iStock y/o Shutterstock.

Library of Congress Cataloging-in-Publication Data

Names: Rice, Dona, author.
Title: Germenes : suma y resta / Dona Herweck Rice.
Other titles: Germs. Spanish
Description: Huntington Beach, CA : Teacher Created Materials, 2019. | Series: Tu mundo | Audience: K to grade 3. |
Identifiers: LCCN 2018055924 (print) | LCCN 2019000414 (ebook) | ISBN 9781425823092 (eBook) | ISBN 9781425828479 (pbk.)
Subjects: LCSH: Bacteria--Juvenile literature.
Classification: LCC QR74.8 (ebook) | LCC QR74.8 .R5418 2019 (print) | DDC 579.3--dc23
LC record available at https://lccn.loc.gov/2018055924

Teacher Created Materials
5301 Oceanus Drive
Huntington Beach, CA 92649-1030
www.tcmpub.com

ISBN 978-1-4258-2847-9

Printed in Malaysia
Thumbprints.23398

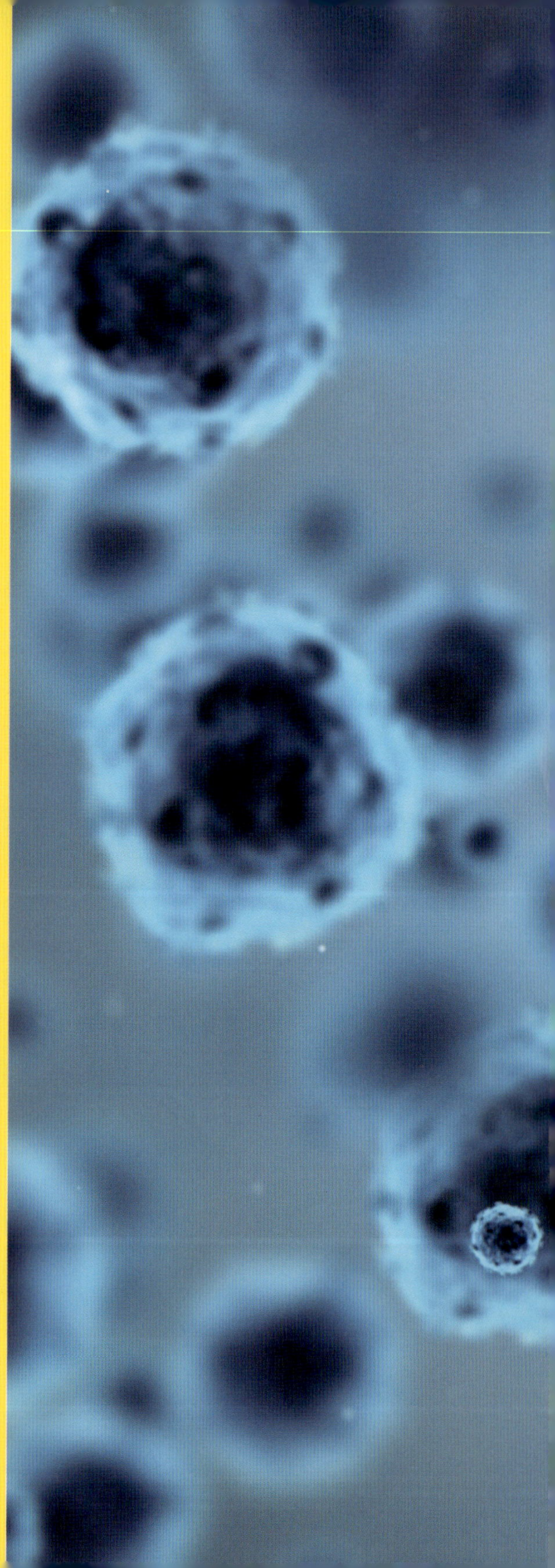

Contenido

Pequeños escurridizos 4

Qué hacen los gérmenes 8

¡Sin gérmenes! 14

Resolución de problemas. 20

Glosario 22

Índice 23

Soluciones. 24

Pequeños escurridizos

¡Están en todos lados! Están en tu piel. También están dentro de ti.

¿Qué son? ¡Gérmenes!

Los gérmenes son muy pequeños para verlos con los ojos.

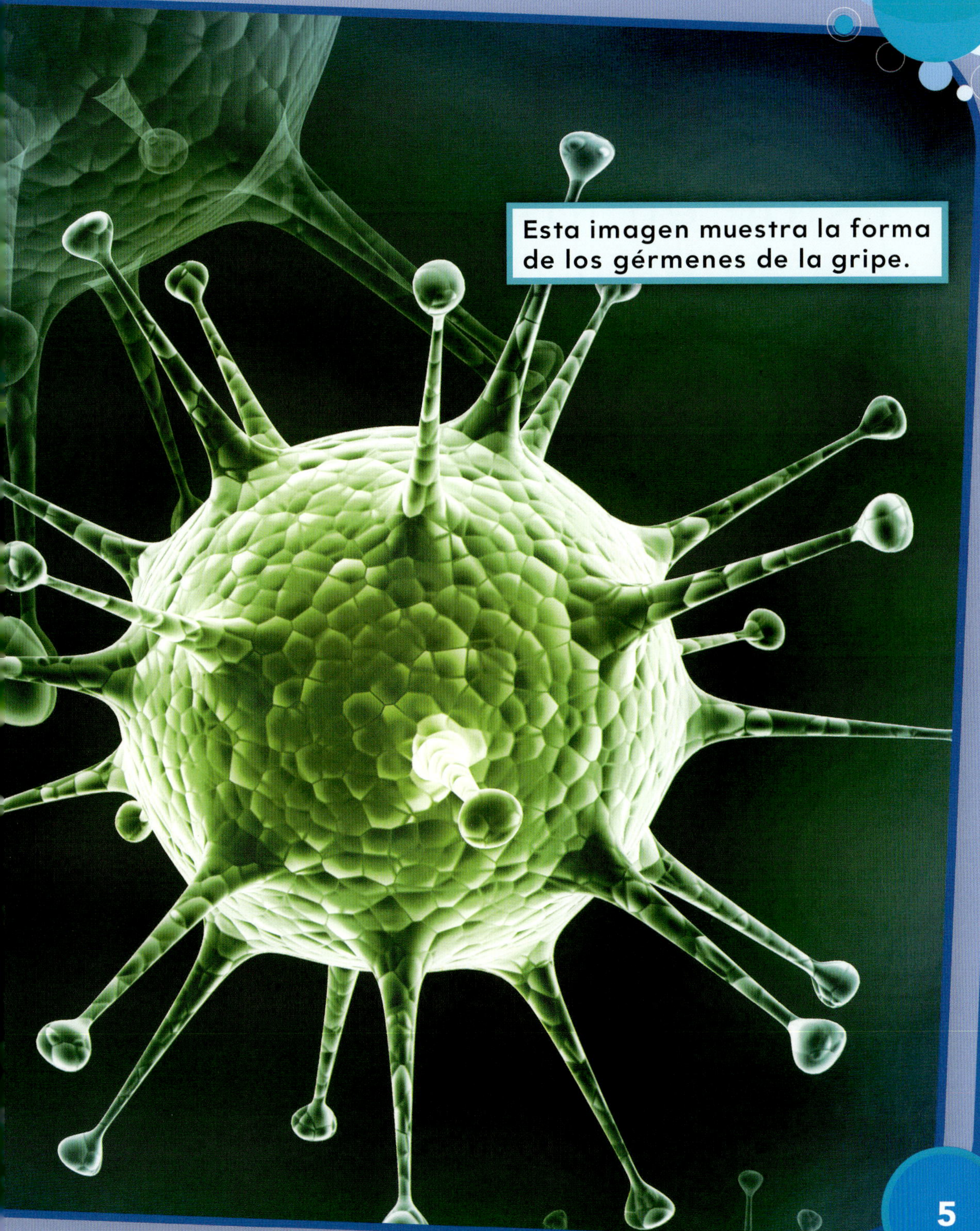

Esta imagen muestra la forma de los gérmenes de la gripe.

Los gérmenes son pequeños y **escurridizos**. Están en los escritorios, las sillas y los lápices. Están en todos lados. Pero puede ser difícil saberlo.

Qué hacen los gérmenes

No puedes ver los gérmenes porque son muy pequeños. Necesitas un **microscopio**. Podrías usar esta herramienta cuando aprendes sobre los gérmenes.

Puedes ver los gérmenes usando un microscopio.

¡HAGAMOS MATEMÁTICAS!

El Sr. Lee enseña ciencia. Tiene 16 microscopios. Compra 10 más. ¿Cuántos microscopios tiene ahora? Resuélvelo con una recta numérica.

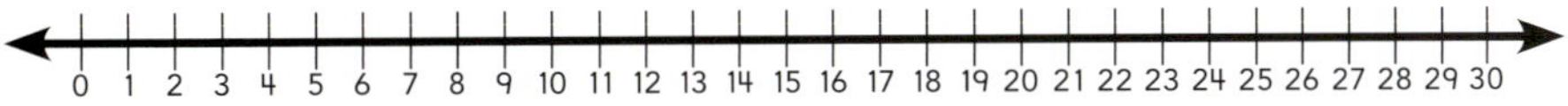

Los gérmenes pueden enfermarte.

Pueden provocar resfriado, fiebre y dolor de estómago.

No todos los gérmenes te hacen daño. Algunos gérmenes ayudan. Ayudan a tu cuerpo a usar la comida.

Esta niña come yogur, que tiene gérmenes buenos.

También ayudan a eliminar los **desechos**.

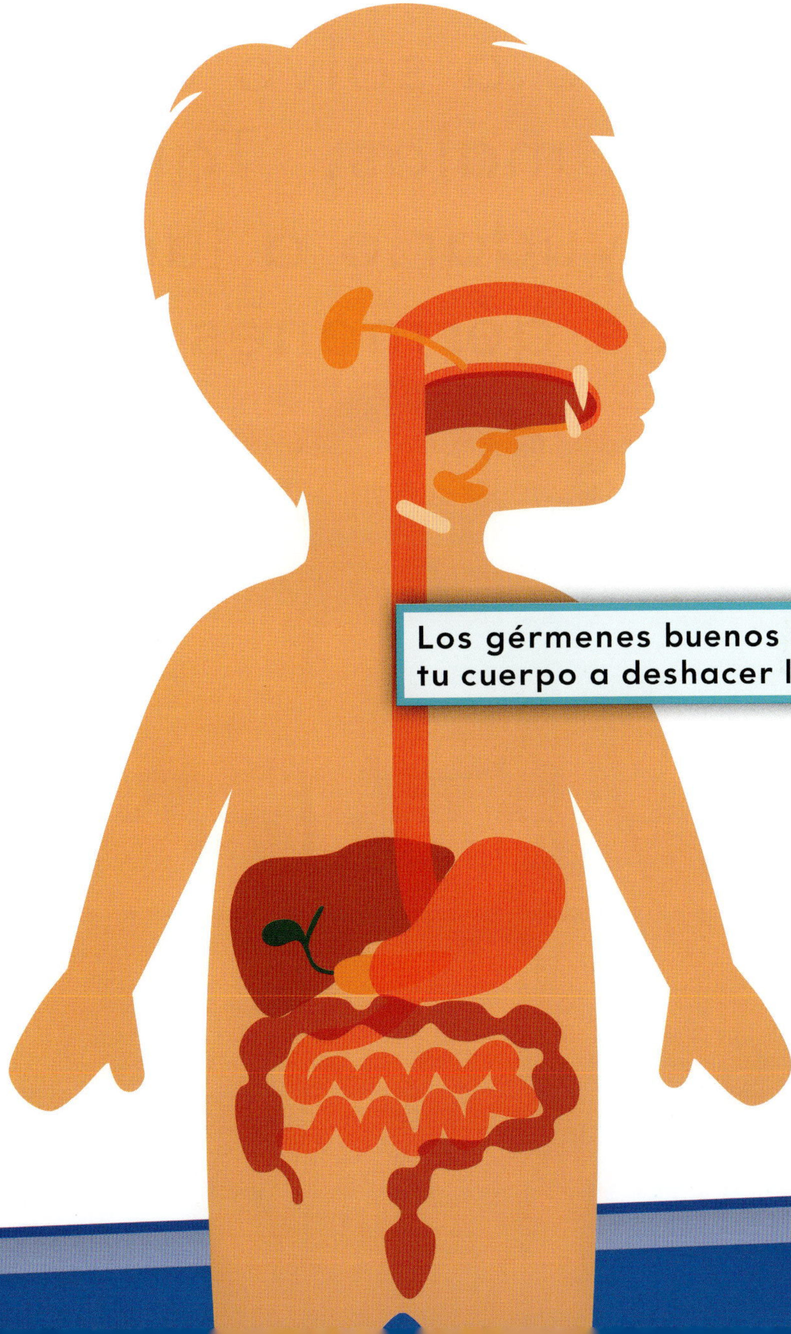

Los gérmenes buenos ayudan a tu cuerpo a deshacer la comida.

¡Sin gérmenes!

Puedes ayudar a tu cuerpo a estar **saludable**. Puedes mantenerlo a salvo de los gérmenes malos. También puedes ayudarlo a luchar contra los gérmenes.

Lávate las manos antes de comer. Lávatelas después de usar el baño.

Usa jabón y agua tibia al lavarte las manos.

Cúbrete la boca al **toser**. Cúbrete la nariz y la boca al **estornudar**. Usa un pañuelo o la parte interna de tu codo. Luego, lávate las manos nuevamente.

¡Adiós, gérmenes!

¡HAGAMOS MATEMÁTICAS!

Rosa tiene 60 pañuelos. Tiene un resfriado y usa 20 pañuelos. ¿Cuántos pañuelos le quedan? Resuelve el problema con grupos de 10.

Esta niña se cubre la boca y la nariz al estornudar.

Resolución de problemas

Una clase simula que pequeños trozos de brillantina son gérmenes. Se ponen los "gérmenes" en las manos. Observan cómo los gérmenes se esparcen. Al final del día, hay...

- 31 gérmenes en un lápiz
- 47 gérmenes en una silla
- 82 gérmenes en un escritorio

Resuelve los problemas con la tabla de centenas.

1. Las manos de Pía están cubiertas de gérmenes. Esparce 10 gérmenes más sobre cada objeto. ¿Cuántos gérmenes hay en cada objeto?

2. Ty limpia 30 gérmenes del escritorio después de que Pía se va. ¿Cuántos gérmenes quedan?

1	2	3	4	5	6	7	8	9	10
11	12	13	14	15	16	17	18	19	20
21	22	23	24	25	26	27	28	29	30
31	32	33	34	35	36	37	38	39	40
41	42	43	44	45	46	47	48	49	50
51	52	53	54	55	56	57	58	59	60
61	62	63	64	65	66	67	68	69	70
71	72	73	74	75	76	77	78	79	80
81	82	83	84	85	86	87	88	89	90
91	92	93	94	95	96	97	98	99	100

Glosario

desechos: sustancias que no se necesitan ni se quieren

escurridizos: que otros no los pueden ver ni reconocer

estornudar: forzar el aire hacia afuera por la nariz y la boca con un sonido corto y ruidoso

microscopio: una herramienta que agranda los objetos pequeños y los hace más fáciles de ver

saludable: no enfermo

toser: forzar el aire hacia afuera por la garganta y la boca con un sonido corto y ruidoso

Índice

enfermarte, 11

estornudar, 18–19

lavarte, 16–18

microscopio, 8–9

saludable, 14

toser, 18

Soluciones

¡Hagamos matemáticas!

página 9:

26 microscopios

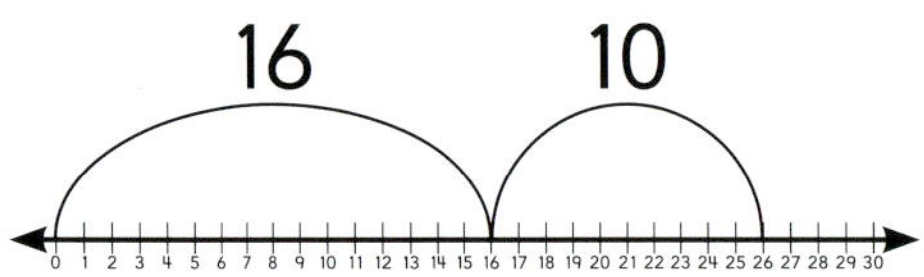

página 18:

40 pañuelos

Resolución de problemas

1. lápiz:
   41 gérmenes;
   silla:
   57 gérmenes;
   escritorio:
   92 gérmenes

2. 62 gérmenes